GARDER
LE
CAP

Dr Wayne W. Dyer

Traduit de l'américain
par Christian Hallé

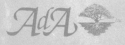

Copyright © 1995, 2004 Wayne W. Dyer
Titre original anglais : Staying on the path
Copyright © 2006 Éditions AdA Inc. pour la traduction française
Cette publication est publiée en accord avec Hay House, Inc.

Syntonisez Radio Hay House à www.hayhouseradio.com.
Éditeur : François Doucet
Traduction : Christian Hallé
Révision linguistique : Lorraine Lespinay
Révision : Nancy Coulombe
Graphisme : Nicolas Pinard
Design de l'intérieur : Summer McStravick
Design de la couverture : Christy Salinas
ISBN 2-89565-407-7
Première impression : 2006
Dépôt légal : 2006
Bibliothèque et Archives nationales du Québec
Bibliothèque Nationale du Canada

Éditions AdA Inc.
1385, boul. Lionel-Boulet
Varennes, Québec, Canada, J3X 1P7
Téléphone : 450-929-0296
Télécopieur : 450-929-0220
www.ada-inc.com
info@ada-inc.com

Diffusion
Canada :   Éditions AdA Inc.
France :   D.G. Diffusion
                ZI de Bogues
                31750 Escalquens – France
                Téléphone : 05.61.00.09.99
Suisse :   Transat - 23.42.77.40
Belgique :   D.G. Diffusion - 05.61.00.09.99

Imprimé au Canada   SODEC
Participation de la SODEC.
Nous reconnaissons l'aide financière du gouvernement du Canada par l'entremise du
Programme d'aide au développement de l'industrie de l'édition (PADIÉ) pour nos
activités d'édition.
Gouvernement du Québec - Programme de crédit d'impôt pour l'édition de livres -
Gestion SODEC.

Catalogage avant publication de Bibliothèque et Archives Canada

Dyer, Wayne W

    Garder le cap
    Traduction de : Staying on the path.
    ISBN 2-89565-407-7

    1. Actualisation de soi - Citations, maximes, etc. I. Titre.

BF637.S4D9314 2006   158.1   C2006-940428-3

À ma mère, Hazel Irene Dyer,
qui a su recourir à ses magnifiques visions
et intentions pour éliminer tant d'obstacles
sur sa propre voie — Je t'aime.

Quelques mots du
Dr Wayne W. Dyer

J'ai écrit ce livre pour ceux d'entre vous qui sont déjà sur la voie, mais aussi pour ceux qui tentent de s'en approcher. Mes observations s'accorderont peut-être à ce que vous vivez actuellement ou peut-être vous seront-elles utiles plus tard en cours de route. Quoi qu'il en soit, simplement en ouvrant ce livre, vous avez pris les rênes de votre propre destinée.

En vous souhaitant un périple sans incident et rempli d'amour.

Nous suivons tous notre propre voie, en faisant exactement ce que nous savons faire au moment où nous le faisons, compte tenu des circonstances de nos vies.

Votre vie ne sera pas
jaugée en fonction
de ce que vous aurez
accumulé, mais de ce
que vous aurez
donné.

Le secret de l'abondance, c'est cesser de se concentrer sur ce que nous n'avons pas pour mieux apprécier ce que nous sommes et ce que nous avons déjà.

Exercez-vous à être dans le monde, et non de ce monde — apprenez à ignorer comment les choses se passent autour de vous, tout en sachant que seule une conscience supérieure est vraiment un fait inexplicable.

Émettez de l'amour et de l'harmonie, assurez-vous que votre corps et votre esprit sont en paix, puis laissez l'univers faire ce qu'il sait faire à la perfection.

Je n'ai pas à me laisser diriger par quelqu'un ou quelque chose à l'extérieur de moi. Dieu est en moi, et Son pouvoir divin et infini qui me soutient en tant qu'être humain, est toujours là pour moi.

On ne pourra jamais avoir
assez des choses
que l'on n'a pas.

Vous ne pouvez être tout ce que les autres attendent de vous, vivre votre vie en suivant des règles édictées par d'autres, et être en même temps heureux et serein.

Le seul antidote à la colère consiste à éliminer ces pensées : « Si seulement tu étais un peu plus comme moi » et « Si seulement le monde était différent ».

La méditation vous donne une occasion d'apprendre à connaître votre moi invisible. Elle brisera l'illusion de votre séparation.

Avez-vous remarqué comme
il est difficile de se disputer
avec quelqu'un qui n'est
pas obsédé par l'idée
d'avoir toujours raison ?

Vous souffrez parce que vous avez besoin que les choses soient différentes. Si ce besoin cesse, vos souffrances cesseront. Il est normal de vouloir certaines choses, mais c'est ce sentiment de besoin qui doit disparaître.

La vie est une question
d'attitude. Elle est toujours ce
que vous choisissez de croire
qu'elle est.

Lorsque ma fille Tracy, alors en deuxième année, est rentrée de l'école en disant : « Billy ne m'aime pas, Billy ne m'aime pas », je lui ai demandé : « Est-ce que tu t'aimes ? » Elle m'a répondu : « Oui. » Alors je lui ai dit : « Bien, c'est tout ce qui compte. » Vous voyez, même à sept ans, une personne ne doit pas en venir à penser que les réactions des autres ont le droit de la rabaisser de quelque façon

Pourquoi ne pas penser à certaines choses que vous n'avez encore jamais faites, et les faire simplement parce que vous ne les avez jamais faites, et pour aucune autre raison ?

Avoir un but dans la vie, ce n'est pas quelque chose que l'on trouve ; c'est quelque chose que l'on possède en soi. La vérité, ce n'est pas quelque chose que l'on recherche ; c'est quelque chose que l'on vit.

Rien dans le monde n'est mauvais, à moins que vous ne le croyiez comme tel.

Votre corps est un garage où
vous stationnez votre âme.

La vie n'est jamais ennuyante,
mais certaines personnes
choisissent de s'ennuyer…
l'ennui est un choix.

Si vous choisissez de ne pas respecter votre sens de la justice, vous choisissez de ne pas vous respecter, et vous en viendrez bientôt à vous demander ce que vaut réellement votre vie.

Si vous souhaitez avoir confiance en vous, mais que vous n'agissez pas ainsi normalement, agissez aujourd'hui, ne serait-ce qu'une seule fois, comme vous croyez qu'une personne ayant confiance en elle agirait.

Si quelque chose vous
empêche de grandir, elle ne
mérite pas d'être défendue.

Votre réputation est entre les
mains des autres. C'est la
nature même d'une réputation.
Vous ne pouvez rien y faire.
Votre caractère est la seule
chose sur laquelle vous avez
une emprise.

Il y a deux façons d'envisager
la plupart des choses.
La première est violente, et la
deuxième est pacifique. C'est
le yin et le yang de l'univers.

Vos opinions sont dérisoires, mais vos engagements vis-à-vis celles-ci font toute la différence du monde.

Quand vous vivez sur une planète ronde, vous ne pouvez pas choisir un côté plutôt que l'autre.

L'être total appelé *être humain* ne peut fonctionner harmonieusement si ses parties constituantes sont en conflit.

Ce vieux dicton
résume bien ce que
je pense de la
compassion :
« Donnez un
poisson à un
homme, et il aura à
manger pour une
journée ; *enseignez-*
lui à pêcher, et il
mangera tous les
jours de sa vie. »

Si un nombre assez grand
d'entre nous évitait les conflits
et les confrontations, imaginez
toutes les guerres qui
n'auraient plus lieu.

Vous possédez un esprit très
puissant qui peut rendre
possible tout ce que vous
concevez, à condition que vous
ne perdiez pas de vue votre
centre.

La créativité, c'est croire en
votre propre grandeur.

La pire forme d'ignorance
consiste à rejeter quelque chose
dont nous ignorons tout.

Vous étiez déjà un gagnant au moment de votre naissance. Pensez aux milliards de spermatozoïdes lancés à l'assaut d'un seul œuf, dans une course frénétique. Cet œuf était leur récompense, et ils nageaient tous aussi vite que possible. Ils étaient des milliards, et vous avez gagné. Vous avez gagné la première course à laquelle vous avez participé.

Les gens qui ne font rien ont souvent tendance à jouer les critiques. Ils restent à l'écart et observent ceux qui agissent, puis philosophent sur les actions des gens d'action. C'est un rôle peu exigeant, qui n'implique ni effort, ni risque, ni changement.

La mort n'est qu'une forme de
transformation. Imaginez ce que
serait notre planète sans elle.
Mourir, c'est retirer un vêtement
trop usé.

Tant que vous demeurerez au même endroit, en vous disant que vous devez continuer à faire ce que vous avez toujours fait, votre seule récompense sera de justifier vos malheurs.

Détachez-vous de vos possessions, et elles cesseront de vous posséder.

Examinez la phrase suivante :
« Faites de votre mieux. »
Pour ma part, je lui
substituerais celle-ci :
« Faites-le. »

Il n'y a pas de *voie* qui mène à l'illumination. L'*illumination* est la voie. C'est un principe de vie, et non quelque chose que l'on recherche.

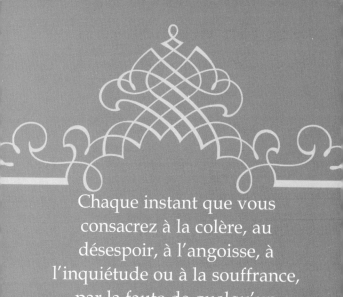

Chaque instant que vous consacrez à la colère, au désespoir, à l'angoisse, à l'inquiétude ou à la souffrance, par la faute de quelqu'un d'autre, est un instant où vous renoncez à la maîtrise de votre propre vie.

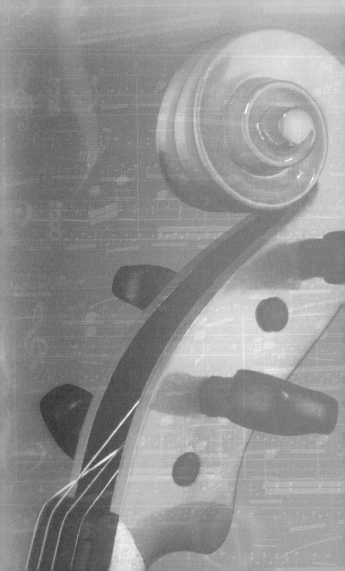

« C'est l'espace entre les barreaux
qui retient le tigre », comme
l'affirme la philosophie Zen, et c'est
le silence entre les notes qui produit
la musique.

Au cours d'une vie, les deux émotions les plus futiles sont la culpabilité et l'inquiétude : se sentir coupable de ce qui *est* arrivé et s'inquiéter de ce qui *pourrait* arriver.

L'échec est un jugement que les autres vous imposent.

Tout ce que vous formez doit abriter votre âme, s'user, se transformer et mourir, mais le moi divin, dépourvu de forme, ne meurt jamais.

Vos propres espérances sont la clé de votre santé mentale. Si vous espérez être heureux, en santé et satisfait, votre attention se portera sur ces objectifs et vous les manifesterez dans votre vie.

La véritable sérénité parviendra toujours à éviter les flèches de ceux qui portent des jugements, car ces derniers gaspillent leur énergie vitale à se rebeller contre ce qui est.

Si vous vivez d'une telle façon,
mais proclamez à qui veut
l'entendre que vous allez
désormais vivre autrement, ces
affirmations sont vides de sens.

Les gens qui se comportent
envers vous de façon
désagréable ne savent pas ce
qu'ils font, car ils vivent avec
l'idée de séparation.

Quel âge auriez-vous si vous ne saviez pas quel âge vous avez ?

Être *contre* quelque chose vous affaiblit, alors qu'être *pour* quelque chose vous rend plus autonome.

Prenez le temps d'observer les
animaux. Ce qu'ils vous
enseigneront enrichira
votre vie.

Les occasions ne manquent pas
de gagner votre vie en faisant
quelque chose que vous aimez.
Seule manque la détermination
d'y parvenir.

Soyez constamment conscient de l'importance de servir Dieu et vos semblables dans toutes vos activités. C'est ce que font les faiseurs de miracles.

Tout ce que nous combattons
nous affaiblit et nous empêche
de voir que les obstacles sont
des occasions à saisir.

Les êtres humains qui blessent ou infligent de la douleur aux autres sont de plus grandes victimes que ceux qu'ils persécutent, car ils devront un jour en répondre devant la loi de l'univers.

La culpabilité, comme tout le reste, se manifeste dans l'instant présent. C'est une façon d'utiliser l'instant présent pour se laisser absorber par quelque chose qui a déjà eu lieu, contre lequel vous ne pouvez plus rien.

L'antécédent de toute action
est une pensée.

On change une habitude en
adoptant un nouveau
comportement, et cela vaut
également pour les habitudes
mentales.

Les gens d'une grande franchise
sont ceux qui imposent le plus le
respect dans ce monde, même si
cela leur vaut souvent de subir les
pires abus.

La première étape menant à la
guérison consiste à comprendre que
la maladie qui vous afflige est
quelque chose que vous portez en
vous. Elle vous appartient. Elle est
entièrement vôtre.

Ce n'est pas le monde qui vous rend malheureux, ni la façon dont les gens se comportent dans le monde. C'est la façon dont vous appréhendez les gens et les événements.

Au lieu de juger les autres en présupposant qu'ils doivent se comporter de telle ou telle façon, considérez-les comme des miroirs qui vous renvoient une image de vous-même, et demandez-vous ce que vous êtes prêt à apprendre d'eux.

Créez en vous une harmonie
qui permettra à votre âme de
guider vos comportements
extérieurs, au lieu qu'elle soit
constamment reléguée au
second plan.

Vivez les dix commandements.

Plus vous adoptez une
approche basée sur l'amour,
l'harmonie et l'acceptation,
plus vous voyez les divers
éléments de votre vie s'agencer
à la perfection.

L'une des choses les plus
raisonnables que vous puissiez
faire en tant qu'adulte est de
retrouver l'enfant en vous.

Honorez cette incarnation et
soyez pleinement vivant.

Qu'une personne soit jeune ou petite ne fait pas d'elle un être incomplet. En vérité, nous sommes tous complets à chaque instant de notre vie.

Vivez… Soyez vous-même…
Profitez de la vie… Aimez.

Si vous désirez changer,
examinez ce que vous craignez
et ce que vous haïssez.
Commencez par là.

Les circonstances extérieures
ne déterminent pas ce que sera
votre vie ; elles révèlent
simplement le genre d'images
que vous avez choisies jusqu'à
présent.

Il y a des limites à la croissance
matérielle, mais il n'y a pas de
limites à l'illumination
intérieure.

Une liberté toute particulière s'offre à vous si vous êtes prêt à prendre les risques nécessaires pour l'obtenir : la liberté d'errer où bon vous semble sur le terrain de la vie, de prendre vos propres décisions.

En vous se trouve le royaume de la sérénité, un royaume qui peut créer la prospérité dont vous avez toujours rêvé.

Quand vous savez que vous êtes
responsable de vos intentions,
vous finissez par comprendre
que vous êtes responsable de
tout votre univers.

La jalousie, c'est exiger d'une personne qu'elle vous aime d'une certaine façon, et déclarer « ce n'est pas juste » quand elle s'y refuse. Tout cela vient d'un manque de confiance en soi.

Si vous refusez de changer d'emploi (lorsque vous ne l'aimez pas), la seule chose raisonnable à faire est d'apprendre à l'aimer.

Exprimez de la colère et de l'impatience, et c'est ce que vous recevrez. Exprimez de l'amour, et vous recevrez de l'amour en retour.

Vous pouvez faire en sorte
d'être malade, ou vous pouvez
choisir d'être en santé.

Plus vous serez bon envers
vous-même, plus vous serez
bon envers les autres sans
même y penser.

Votre corps est parfait. Il sait faire tout ce qu'un corps est capable de faire. Il sait comment marcher, suer, dormir, avoir faim, pleurer… C'est aussi un excellent élève. Vous pouvez lui apprendre à nager, à conduire une voiture, à écrire une lettre, à jouer de la guitare, à tailler un diamant ou à escalader une montagne.

Observez-vous et observez tous
ceux qui vivent dans ce monde de
fous, puis décidez s'il vaut mieux
vous mettre en colère ou développer
votre sens de l'humour et ainsi
acquérir l'un des dons les plus
précieux qui soient : le rire.

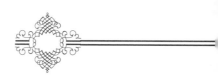

Personne, quelle que soit
l'intensité de son désir, ne peut
forcer un autre être humain à
comprendre. La
compréhension vient
uniquement de l'expérience.

Je peux vous assurer que vous
ne vivrez plus d'événements
désagréables une fois que vous
aurez appris les leçons qu'ils
avaient à vous enseigner.

Les gens qui vous plongent dans l'angoisse sont ceux qui vous rappellent ce qui est inadéquat ou ce qui manque en vous-même.

Votre joie est divine, tout comme votre souffrance. Vous avez tant à apprendre de l'une et de l'autre.

Quand vous vous disputez au sujet de vos limites, vous ne faites que les renforcer.

Bien des gens apposent sur leur pare-chocs des autocollants disant : « Aujourd'hui est le premier jour du reste de ma vie. » Pour ma part, je préfère penser : « Aujourd'hui est le dernier jour de ma vie, et je vais le vivre comme si c'était effectivement le dernier. »

Vous êtes toujours seul, mais vous
vous sentez seul uniquement si
vous n'aimez pas la personne avec
laquelle vous êtes seul.

Vous devez accepter un certain sentiment d'insécurité si vous espérez un jour apprendre à marcher sur un fil de fer, faire du ski nautique, devenir un écrivain, démarrer une entreprise, essayer une nouvelle recette ou faire quelque chose qui exige un apprentissage quelconque.

Le « in » dans inconditionnel
signifie qu'il ne faut pas
juger.

L'éveil et l'illumination ne peuvent venir tant que nous n'avons pas transcendé le monde des formes. C'est ce qu'ont toujours enseigné tous les philosophes.

Les gens cessent généralement
de vous en vouloir quand ils se
rendent compte qu'ils ne
peuvent plus utiliser ce
prétexte pour vous manipuler.

Vous devez entrer en contact avec l'espace vide à l'intérieur de vous plutôt qu'avec son contenant.

Les miracles viennent de l'intérieur. Rentrez en vous-même pour créer la magie que vous cherchez dans votre vie.

Quand vous entretenez des pensées positives, joyeuses et tendres, votre corps ne réagit pas comme il réagit normalement quand vous entretenez des pensées déprimantes, négatives et angoissantes. Votre façon de penser a un effet spectaculaire sur la chimie de votre organisme et sa physiologie.

Votre droit de jouer des poings s'arrête là où commence mon droit d'avoir un nez de la forme qui me plaît.

La sédentarité est inexcusable. Toutes les raisons que vous évoquez pour expliquer votre mauvaise condition physique ne sont que des excuses que vous vous donnez.

Les cellules qui composaient votre organisme il y a sept ans n'existent plus. Il n'en reste plus une seule. Et pourtant vous vous rappelez que vous étiez vivant il y a sept ans. Comment expliquez-vous cela ?

Regarder dans une glace et ne pas aimer l'image de celui ou de celle que vous amenez partout avec vous est l'une des attitudes les plus néfastes que vous puissiez adopter.

Les gens qui ne connaissent pas de limites sont à ce point responsables de leur vie qu'ils peuvent faire confiance à leurs instincts, se comporter comme des enfants, être créatifs et faire tout ce qui leur semble approprié de faire.

Le passé a cessé d'être pour
tout le monde. L'avenir n'est
une promesse pour personne.
Nous n'avons que l'instant
présent. Et c'est tout ce que
nous avons.

Saint Marc a dit : « Avec Dieu,
tout est possible. » Cela ne
laisse pas grand-chose de côté,
n'est-ce pas ?

Tout le monde mérite notre amour, et tant que nous n'aurons pas compris cela, ce sera toujours *nous* contre *eux*.

Vous êtes le partenaire de tous les autres êtres humains. La vie n'est pas une compétition où vous serez jugé mieux que certains et moins bon que d'autres.

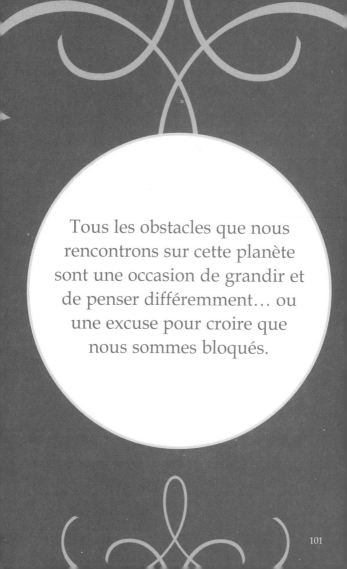

Tous les obstacles que nous rencontrons sur cette planète sont une occasion de grandir et de penser différemment… ou une excuse pour croire que nous sommes bloqués.

La vie se présente à vous sans rien vous demander. Vous pouvez la saisir à bras-le-corps et vous laisser emporter dans son sillage ou vous pouvez la combattre. Mais si vous choisissez de consacrer votre temps à la combattre, sachez que vous ne pouvez pas en même temps en profiter.

Tout problème est une occasion déguisée en obstacle.

Ce n'est pas ce qui est disponible ou non qui détermine votre niveau de réussite ou de bonheur : c'est ce que vous tenez pour vrai.

Quand rien ne va plus,
demandez-vous : « Dans quelle
mesure en suis-je responsable ?
Que puis-je faire pour y
remédier ? Quelle leçon dois-je
en tirer ? »

Aider quelqu'un à trouver son
but dans la vie fait partie de la
mission dont doivent
s'acquitter tous les parents.

La vie est un paradoxe. Moins vous vous souciez de l'approbation des autres, plus ils vous approuvent.

Il y a une grande différence
entre ne pas aimer le
comportement d'une personne
et ne pas aimer cette personne

Tâchez d'apprendre des erreurs du passé au lieu de les répéter et de faire constamment allusion à celles-ci.

On ne peut pas plaire à tout le monde. En fait, si vous arrivez à plaire à cinquante pour cent des gens, vous vous en tirez plutôt bien.

Toutes les expériences que vous avez vécues étaient absolument nécessaires pour vous faire progresser d'une étape à l'autre, jusqu'à aujourd'hui.

Quand l'univers est confronté à un problème, celui-ci se dit-il : « Je ne sais pas comment le régler ? » Non. L'univers est parfait.

Les seules frontières que nous connaissons sont celles de la forme. Il n'y a pas d'obstacles à la pensée.

L'amour est pardon…
l'amour est don.

Courir après la réussite, c'est tenter de presser un jet d'eau entre vos mains. Plus vous pressez, moins il reste d'eau. Quand vous courez après la réussite, votre vie devient elle-même une course folle dont vous ne verrez jamais la fin. Vous devenez une victime du « toujours plus ».

Rappelez-vous ce que disait Victor Hugo : « Il n'est rien au monde d'aussi puissant qu'une idée dont l'heure est venue. »

Toutes vos possessions sont là
pour vous servir, et non pour
que vous deveniez l'esclave de
vos possessions.

Avoir un préjugé, c'est porter un jugement prématuré. Quand vous vous fiez à un préjugé, vous prenez une décision avant d'avoir assez d'informations pour prendre une décision éclairée.

Si on vous marche sur les pieds, vous avez envoyé le signal que vous étiez prêt à l'accepter.

Quand vous serez certain
d'avoir une mission
importante et héroïque, vous
vous réalignerez en tant
qu'être spirituel.

Vous abandonnez une vieille habitude en vous disant : *je n'ai plus besoin de cela dans ma vie.*

Un but n'est pas quelque chose que vous allez trouver, c'est quelque chose qui vous trouvera. Et ce but vous trouvera uniquement quand vous serez prêt et pas avant.

Cessez de fourrer votre nez
dans les affaires des autres.
Mettez de l'ordre chez vous et
arrêtez de vous préoccuper des
autres

Dans toute relation où
deux personnes ne font
plus qu'une, vous obtenez
deux moitiés de personne.

Un risque n'est que
l'évaluation que
vous en faites.

Vous pouvez modifier votre façon de penser afin de ne plus jamais avoir de pensées négatives. Vous et vous seul choisissez vos pensées.

Certaines personnes croient vivre dans le manque parce qu'elles sont malchanceuses. Elles devraient plutôt se rendre compte que leur système de croyances est à la base de cette rareté.

Seules les personnes peu sûres d'elles-mêmes ont besoin d'être rassurées. Les personnes sûres d'elles-mêmes savent que la véritable sécurité vient de l'intérieur, quand vous savez que vous pouvez faire face à n'importe quelle situation.

On demandait jadis à un scientifique : « Croyez-vous en Dieu ? » Et le scientifique répondait : « Non, je suis un scientifique ». Aujourd'hui, au 21e siècle, si vous demandez à un scientifique : « Croyez-vous en Dieu ? », il vous répondra : « Bien sûr, je suis un scientifique ! »

Soyez patient et bon envers
toutes vos pensées de peur.

Quand vous êtes en paix avec
vous-même, quand vous vous
aimez, il est pratiquement
impossible de poser des gestes
autodestructeurs.

Vous ne pouvez pas toujours finir premier, gagner tous les concours, recevoir les plus grands honneurs ou obtenir les meilleures notes, mais vous pouvez toujours vous considérer comme une personne importante et méritoire.

Ce que nous pensons de nous-mêmes est le facteur qui déterminera notre niveau de réussite et de bonheur dans la vie.

Vous pouvez améliorer tous
les aspects de votre vie si vous
apprenez à visualiser
efficacement ce que vous
voulez et si vous avez
l'intention de le manifester.

Les individus qui utilisent des étiquettes pour se définir eux-mêmes nous disent : « Voici le produit final, je ne changerai jamais plus ». Si vous êtes l'un de ces individus, déjà tout emballé et prêt à être entreposé, vous avez alors cessé de grandir.

Prenez la décision d'être en amour avec la plus belle, la plus attrayante et la plus méritante personne qui soit – *vous !*

Quand les gens autour de vous sont en colère, rappelez-vous que cette colère leur appartient et que vous pouvez refuser d'y participer.

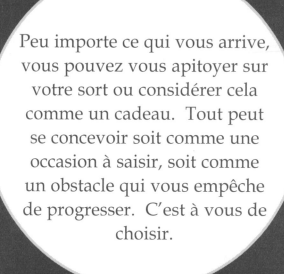

Peu importe ce qui vous arrive, vous pouvez vous apitoyer sur votre sort ou considérer cela comme un cadeau. Tout peut se concevoir soit comme une occasion à saisir, soit comme un obstacle qui vous empêche de progresser. C'est à vous de choisir.

Bouddha a dit :
« Vous ne serez pas
puni parce que vous
vous êtes mis en
colère. La colère
sera votre
punition. »

Personne ne peut saper votre moral. Personne ne peut vous rendre anxieux. Personne ne peut vous blesser dans votre amour-propre. Personne ne peut rien contre vous à moins que vous ne l'acceptiez.

Ne confondez pas votre propre valeur avec ce que vous faites. Vous n'êtes pas ce que vous faites. Si vous êtes ce que vous faites, alors quand vous ne faites rien, vous n'êtes rien.

Vous n'êtes pas condamné à
être à la merci de ceux qui ont
choisi de vous contrarier.

Les personnes timides
ressassent dans leur esprit des
images d'elles-mêmes en proie
à la timidité, et tant qu'elles
entretiendront ces images, elles
agiront en conformité avec ces
dernières.

Ce qui fait de vous un être humain, ce n'est pas votre forme extérieure, mais l'intelligence invisible qui l'habite – esprit, âme, Dieu, quel que soit le nom que vous lui donniez.

Imaginez le mot ANNULÉ
inscrit sur un énorme tampon
en caoutchouc. Utilisez ce
tampon pour oblitérer toutes
les images dépréciatives que
vous avez placées dans votre
esprit et remplacez-les par des
pensées positives.

La souffrance vient des désirs.

Nous devenons ce à quoi nous pensons à longueur de journée. La question est donc : « À quoi pensez-vous ? »

Abandonnez-vous à une nouvelle prise de conscience, à une pensée qui vous chuchote à l'oreille : « Je peux le faire à l'instant même. Je recevrai toute l'aide dont j'ai besoin pourvu que je conserve cette intention et que j'entre en moi-même pour y trouver assistance. »

Avancez avec confiance dans la direction de vos propres rêves afin de vivre la vie que vous avez imaginée. Et alors vous connaîtrez le succès.

L'univers bat à son propre rythme. Quand nous parvenons à faire le silence en nous, nous découvrons que nous faisons aussi partie de ce rythme parfait.

Nous avons tous en nous un
puits d'une profondeur infinie
recelant un potentiel de
créativité qui dépasse nos
rêves les plus fous.

Vous pouvez faire de votre vie
une grandiose œuvre d'art en
constante évolution. La clé
de la réussite se trouve dans
vos pensées, dans cette
merveilleuse et invisible partie
de vous-même appelée l'âme.

Vous ne devez pas essayer de *vouloir* quelque chose. Vous devez simplement être prêt.

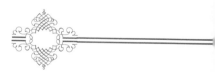

Le recours à l'imagerie mentale est
l'une des stratégies les plus
puissantes et les plus efficaces qui
soient pour faire advenir quelque
chose dans votre vie.

Quand vous êtes suffisamment en
paix avec vous-même et que vous
avez une image positive de ce que
vous êtes, personne ne peut vous
manipuler ou avoir de l'emprise sur
vous.

Si vous n'appréciez pas la façon dont quelqu'un vous traite, si vous avez l'impression d'être devenu une victime, demandez-vous : « Qu'ai-je fait pour enseigner à cette personne que ce comportement était quelque chose que j'étais prêt à tolérer ? »

Comment instaurer la paix dans le monde ? Vous instaurez la paix dans le monde en faisant la paix en vous-même. Quand le monde sera rempli de gens en paix avec eux-mêmes, alors nous vivrons dans un monde de paix.

Mon inquiétude et mon anxiété
n'ont jamais rien changé au
cours des choses.

Tout ce dont vous avez besoin pour connaître le bonheur, la satisfaction et l'amour sous toutes ses formes, vous l'avez déjà en vous, qui que vous soyez, où que vous soyez.

Ces enfants que vous admirez
pour leur aptitude à jouir de la
vie ne sont pas des créatures
venues d'une autre planète.
Vous avez l'un de ces enfants
en vous.

Un excellent exercice pour se
libérer des attachements
matériels consiste à faire le
tour de votre garage et de vos
placards, à rassembler toutes
les choses que vos enfants
n'utilisent plus, puis à les
donner. Faites en sorte que
vos enfants y participent.

Tout ce qui se produit
devait se produire.

Faire quelque chose que vous aimez est la pierre angulaire de l'abondance dans votre vie.

L'analyse est en fait un acte de violence intellectuelle. Quand vous analysez quelque chose, vous devez le briser et retrouver tous les petits morceaux.

Vous *avez* la maîtrise de vos émotions, ce qui veut dire que vous n'êtes pas obligé de laisser libre cours à votre colère chaque fois qu'une personne décide de se comporter de la sorte.

Les gens remplis d'amour
vivent dans un monde rempli
d'amour. Les gens hostiles
vivent dans un monde hostile.
Et, pourtant, nous vivons tous
dans le même monde.
Comment cela est-il possible ?

Vous ne pouvez être authentique si vous n'êtes pas heureux.

La voie qui mène à la vue d'ensemble n'est jamais la même pour personne, mais vous devez comprendre que cette vue d'ensemble existe et qu'elle est accessible.

Croyez et vous verrez. Sachez
et vous *serez* !

Puisque votre esprit est un
espace qui vous appartient en
propre, vous pouvez mettre à
l'épreuve n'importe quelle idée
pendant quelques jours.

Certaines personnes vivent soixante-dix ans, et d'autres vivent soixante-dix fois la même année, répétant sans cesse les mêmes gestes dans l'espoir d'obtenir une montre en or ou je ne sais quoi.

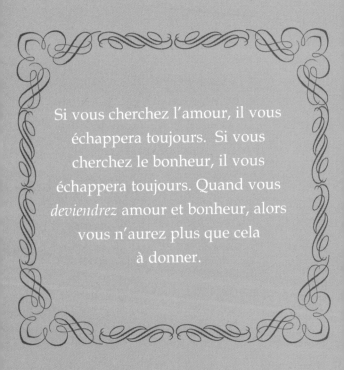

Si vous cherchez l'amour, il vous échappera toujours. Si vous cherchez le bonheur, il vous échappera toujours. Quand vous *deviendrez* amour et bonheur, alors vous n'aurez plus que cela à donner.

Cessez de blâmer votre conjoint si vous êtes malheureux, vos parents si vous manquez de motivation, l'économie si votre situation financière est médiocre, le boulanger si vous avez un excès de poids, votre enfance si vous avez des phobies et toutes les autres choses auxquelles vous avez décerné un blâme. Vous êtes la somme des choix que vous avez faits dans votre vie.

Pour modifier votre
comportement, vous devez
vous tourner vers la source de
force que vous êtes.

Il ne faut pas confondre
sentiment et émotion. Vos
sentiments sont des réactions
que vous avez choisies de
plein gré, et celles-ci se
manifestent dans votre
organisme sous la forme de
réactions physiques à vos
pensées.

Un enfant est une merveille à
voir.

Votre comportement est un
bien meilleur baromètre de ce
que vous êtes que vos paroles.

Si vous vous exercez à garder votre sang-froid, sans oublier que le comportement des gens leur appartient en propre et ne peut vous troubler, à moins que vous ne l'acceptiez, alors vous ne serez jamais plus une cible malgré vous.

La seule différence
entre une fleur et
une graine, c'est le
jugement que l'on
porte sur l'une ou
sur l'autre.

Le contraire du courage n'est
pas tant la peur que le
conformisme.

Vous ne pouvez pas toujours
maîtriser ce qui sort, mais vous
pouvez toujours maîtriser ce
qui entre.

Les pensées sont des outils
grâce auxquels nous pouvons
faire survenir pratiquement
n'importe quoi.

Votre forme cessera un jour
d'être, mais vous ne pouvez
tuer une pensée, et donc vous
ne pouvez tuer ce que vous
êtes réellement.

Si vous n'avez pas confiance
en vous-même, levez-vous et
faites quelque chose qui vous
renverra une image positive de
vous-même.

Si vous croyez que ce livre vous libérera, alors vous êtes déjà la victime de vos propres illusions. Vous et vous seul pouvez décider de prendre au sérieux ces suggestions et de les mettre en pratique de façon constructive et satisfaisante.

Moins vous serez attaché aux gens et aux choses, moins vous rencontrerez d'obstacles au cours de votre vie.

L'arme la plus efficace dont
vous disposez pour éliminer
les comportements névrotiques
de votre vie est votre propre
détermination.

Nos écoles doivent devenir des lieux où l'on prend soin de nos enfants, où les professeurs comprennent qu'enseigner aux élèves à s'aimer eux-mêmes et à développer une attitude positive à l'égard de leur curiosité naturelle mérite autant d'attention que celle accordée à la géométrie et à la grammaire.

Vos émotions ne devraient pas vous immobiliser. Vous ne devriez pas chercher à les justifier. Et elles ne devraient pas vous empêcher de développer votre plein potentiel.

Le bon vieux temps, c'est le temps présent.

Les gens éclairés évitent les
conflits et les confrontations.

Allumez en vous une bougie
que les pires tempêtes ne
sauraient faire vaciller.

Si vous croyez que le fait de vous sentir mal suffisamment longtemps changera quelque chose à une situation passée ou future, alors vous vivez sur une autre planète, dans une réalité autre.

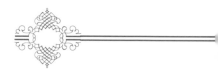

L'harmonie se fera en vous par le biais de vos propres pensées.

Quand vous apprenez que vous souffrez d'un problème physique, vous pouvez vous préparer à souffrir ou vous préparer à guérir.

Si vous trébuchez, cela ne veut pas dire que vous avez moins de valeur. Cela signifie simplement que vous avez quelque chose à apprendre de cette chute.

La peur de l'échec devient rapidement la peur de la réussite chez ceux qui n'essaient jamais rien de nouveau.

Refuser de pardonner, c'est ne pas comprendre le fonctionnement de l'univers et la place qui vous revient dans celui-ci.

Une intelligence invisible
circule dans toutes les formes
de l'univers. C'est elle qui
permet aux fleurs de pousser,
aux planètes de s'aligner et à
toute chose d'exister.

Plus vous vous comprenez en tant qu'être humain, plus vous vous rendez compte que vous avez le choix entre suivre le cours de la vie ou le combattre. Et chaque fois que vous luttez contre quelque chose, vous vous affaiblissez.

Les gens éclairés ont en eux un
amour parfait, comme tout le
monde du reste, la seule
différence est qu'il n'y a rien
d'autre en eux.

Les gens les plus libres sont
ceux qui ont l'esprit tranquille.

Donnez de l'amour et acceptez tous ceux que vous rencontrez, sans exception, et notez ce qui se passe alors.

La culpabilité est un choix
irresponsable. Tant que vous
vous sentez coupable, vous
n'êtes pas obligé d'agir pour
corriger la situation.

Le bonheur et la réussite sont
des processus internes
auxquels nous donnons vie,
non quelque chose que nous
obtenons de l'extérieur.

Le corps possède d'extraordinaires pouvoirs de guérison. Cette remarquable création en tout point parfaite est capable de se guérir elle-même en de nombreuses circonstances.

Entretenir de saines pensées est une habitude, tout comme entretenir des pensées névrotiques est une habitude.

Si vous vous attendez à perdre patience, vous serez rarement déçu de votre réaction.

Les gens hautement fonctionnels se disent : « Je suis bien où je me trouve, mais je peux encore grandir. »

Essayez de considérer tous ceux qui entrent dans votre vie comme des gens ayant quelque chose à vous apprendre.

La philosophie Zen nous dit :
« Avant de connaître
l'illumination, coupez du bois,
portez de l'eau. Après
l'illumination, coupez du bois,
portez de l'eau ». Vous devez
couper et porter. C'est le lot
de tous les humains.

Tout ce qui vous dérange tire
sa source d'un problème
intérieur. Vous seul pouvez en
faire l'expérience, et vous seul
pouvez le corriger.

Au lieu de juger les autres parce qu'ils ne se comportent pas de telle ou telle façon, voyez-les comme des miroirs reflétant une partie de vous-même, et demandez-vous ce que vous êtes prêt à apprendre d'eux.

Avoir un plan est un signe
d'intelligence, tomber en
amour avec celui-ci est un
signe de névrose.

La qualité plutôt que
l'apparence…
L'éthique plutôt que les
règles…
La connaissance plutôt que la
réussite…
L'intégrité plutôt que la
domination…
La sérénité plutôt que les
acquisitions…

Une intention, c'est l'énergie de votre âme qui entre en contact avec votre réalité matérielle.

Les autres seront toujours tels qu'ils sont, quelle que soit l'opinion que vous avez d'eux.

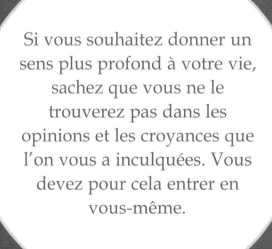

Si vous souhaitez donner un sens plus profond à votre vie, sachez que vous ne le trouverez pas dans les opinions et les croyances que l'on vous a inculquées. Vous devez pour cela entrer en vous-même.

Tout dans votre vie est
un miracle à chérir. Un
grain de sable, une
abeille sur une fleur, un
voilier, une tasse de
café, une couche
humide, une chenille,
voilà ce que j'appelle
des miracles. Quand
vous aurez appris à voir
le monde et tout ce qu'il
contient comme de
véritables miracles,
vous vous rendrez vite
compte que vous
plaindre est un
gaspillage du miracle
que vous êtes.

On ne travaille pas sur une relation basée sur l'amour ; elle travaille pour nous.

Vos seules limites sont celles auxquelles vous croyez.

Vous n'êtes pas votre forme.
Vous êtes quelque chose de
beaucoup plus grand, divin et
magnifique.

Répondez à la haine par un
geste d'amour.
Cet amour vous reviendra et
vous libérera.

Quand vous n'aurez plus besoin d'apprendre à gérer la disharmonie dans votre vie, vous cesserez de la créer, et vous créerez de l'amour et de l'harmonie partout autour de vous.

Au lieu de dire : « Pourquoi est-ce que cela m'arrive à moi ? C'est terrible. Pauvre de moi », dites-vous : « Que dois-je apprendre de cette situation ? »

Que nous respirions, que nous soyons apparus sur cette planète, que nous soyons capables de communiquer, tout cela est miraculeux.

Le but de l'existence est de connaître Dieu.

La différence entre une
personne névrosée et une
personne qui ne connaît pas de
limites n'est pas la présence ou
l'absence de problèmes
personnels. Tout le monde a
des problèmes. C'est une
question d'attitude.
Cherchez-vous des solutions
ou davantage de problèmes ?

Vous ne pouvez pas échouer
en établissant un réseau de
liens. C'est un outil
extrêmement efficace, car il
vous permet de créer sans
cesse de nouvelles sources
d'énergie en offrant une
progression quasi
géométrique.

Si vous pouvez le concevoir dans votre esprit, alors vous pouvez le concrétiser dans le monde matériel.

Si vous vous efforcez de vivre
votre vie un instant – plutôt
qu'une décennie – à la fois,
alors vous relèverez tous vos
défis.

Vous pouvez assister tous les dimanches aux plus beaux services religieux, mettre en pratique les paroles de la Bible, et vous apposer les étiquettes les plus fantastiques que vous puissiez imaginer, mais vous ne trouverez pas votre cœur dans un temple si vous n'avez pas un temple dans votre cœur.

Les mendiants dans les rues de New Delhi, les « boat people » de la Malaisie, les membres de la famille royale à Buckingham Palace, les travailleurs d'usine de Détroit, et vous [qui que vous soyez], vous êtes tous les cellules de cet organisme appelé humanité.

Si les enfants sont élevés comme des colombes, ils ne sauront pas comment se comporter en faucons.

Nous avons tous quelque chose à enseigner et à apprendre de chaque rencontre.

Vous faites l'expérience de vos
problèmes dans votre esprit.
La solution à ces problèmes se
trouve au même endroit.

La famine est une composante
de l'univers, tout comme mon
désir d'y remédier.

Ce qui est fait est fait. Vous avez agi comme on vous a appris à agir. Ce n'était ni juste ni injuste, ni bien ni mal. Les choses sont ainsi. Mais vous ne pouvez compter que sur le moment présent. Vous ne pouvez retourner en arrière.

Personne ne peut voir le
monde à travers vos yeux et
faire l'expérience de la vie telle
qu'elle vous apparaît.

L'amour est la seule différence
entre la solitude et le sentiment
d'être un.

Question de goût, vous seul
pouvez et devez juger de ce
qui vous plaît.

Tout ce que vous « devez
avoir » vous possède.

Il ne vous en coûtera pas
une seule goutte de sueur
de remettre à plus tard ce
que vous deviez faire
aujourd'hui.

Quand Dieu parlera à travers vos gestes et vos sourires parce que vous êtes un donneur inconditionnel, un être résolu qui ne demande rien à personne… la prospérité sera votre récompense.

En vous éveillant, vous allez au-delà du besoin d'accumuler, de surpasser les autres et de réussir. Quand vous surmontez ce besoin, vous développez une grande sensibilité à l'amour qu'expriment les gens qui vous entourent et une irrésistible envie de faire comme eux. Vous devenez vous-même amour.

Dans une relation à deux, plus vous accorderez de l'espace et plus vous encouragerez l'autre à profiter de cet espace, plus votre relation s'épanouira.

Les moments qui séparent
deux événements méritent tout
autant d'être vécus que les
événements eux-mêmes.

Si vous avez le choix entre
avoir raison ou être aimable,
choisissez plutôt d'être
aimable.

Faire la guerre aux drogues ne
sera jamais un moyen efficace
d'enrayer ce fléau… car il
s'agit d'une guerre.

Si vous ne croyez pas maîtriser
vos pensées, dressez la liste de
ceux qui en sont capables, puis
envoyez-moi votre liste. Je
répondrai à tous ceux qui me
l'enverront, et vous vous
sentirez mieux.

Vous pourrez profiter de toute la gamme des expériences humaines le jour où vous déciderez de vous aventurer dans un territoire où rien n'est assuré.

La sécurité est laide. La sécurité est déprimante. La sécurité est ennuyeuse. La sécurité est assommante. Pourquoi avez-vous besoin de sécurité ?

Si vous êtes en relation avec une personne qui vous maltraite ou vous rudoie, demandez-vous : « Quelle opinion ai-je de moi-même ? Pourquoi ai-je accepté si longtemps d'être traité de la sorte ? » Et surtout : « Vais-je permettre que cela continue ? »

Être actualisé, cela signifie être
capable d'accueillir l'inconnu.

Prendre soin de soi-même est
une conséquence naturelle de
l'amour de soi. Soyez
discrètement en amour avec
vous-même.

Une fois que vous aurez entrepris de régler vos problèmes en atteignant tous les jours des objectifs modestes qui vous donneront le goût de la réussite, vos problèmes disparaîtront d'eux-mêmes.

Si vous ne vous aimez pas, personne ne vous aimera. Non seulement cela, mais vous aurez du mal à aimer les autres. L'apprentissage de l'amour commence par l'amour de soi.

La plus remarquable caractéristique des gens sains est sans doute leur sens de l'humour dépourvu de toute hostilité.

Les gens qui ont
un comportement
désagréable vous
accablent de leur
disharmonie parce
qu'ils n'ont rien d'autre
à vous donner. Les
détester est aussi futile
que détester la
mousse qui pousse sur
les arbres.

Vous n'êtes pas obligé
d'accueillir qui que ce soit
dans votre vie à moins qu'ils
ne viennent vers vous avec
amour et harmonie.

Être affranchi de l'opinion des
autres est l'un des plus grands
accomplissements qui soit.

Vous êtes condamné à faire des choix. C'est le grand paradoxe de la vie.

Une fois que vous avez compris que vous contribuez à la réalisation des choses auxquelles vous pensez, vous vous mettez à faire attention à ce que vous pensez.

Si votre estime de vous-même dépend de l'opinion des autres, il s'agit plutôt de votre « estime des autres » que de votre estime de vous-même.

Dans la civilisation occidentale, nous sommes habitués de croire que les choses que nous produisons et acquérons sont la mesure de ce que nous sommes, alors qu'il s'agit en fait d'un cul-de-sac spirituel.

Quand vous serez prêt, ce que vous devez transformer sera à votre disposition.

Quand vous êtes comme tout le monde, vous devez vous poser la question suivante : « Qu'ai-je à offrir ? »

Être heureux, être satisfait et avoir un but dans la vie sont des idées qui renvoient à ce que vous êtes à l'intérieur. Si vous n'avez pas l'esprit tranquille, si la sérénité vous échappe, alors vous n'avez rien.

Seuls les fantômes se complaisent
dans leur passé et se définissent sur
la base de ce qu'ils ont déjà vécu.
Vous êtes ce que vous choisissez
d'être aujourd'hui, et non ce que
vous avez choisi d'être la veille.

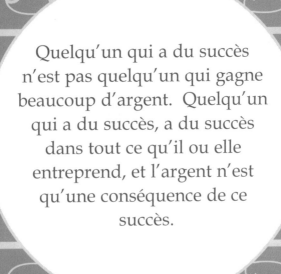

Quelqu'un qui a du succès
n'est pas quelqu'un qui gagne
beaucoup d'argent. Quelqu'un
qui a du succès, a du succès
dans tout ce qu'il ou elle
entreprend, et l'argent n'est
qu'une conséquence de ce
succès.

Votre capacité à gagner à tous
les coups passe par l'abandon
de l'idée que perdre fait de
vous un perdant.

Les jours qui nous sont
dévolus sont la précieuse
monnaie d'échange de
nos vies.

Si quelque chose vous fait présentement souffrir dans votre vie, je peux vous garantir que vous êtes attaché de quelque façon à ce qui *aurait pu* se passer.

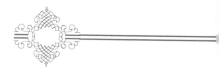

Plus vous vous efforcez d'être
vous-même, plus vous vous sentirez
utile et important.

Les principes universels se
manifesteront dans votre vie quand
vous serez conscient de leur
présence. Quand vous croyez en ces
principes, vous les voyez partout à
l'œuvre.

Les gens n'abusent pas de vous parce que la société est remplie d'abuseurs. Ils abusent de vous parce que vous leur envoyez le message suivant : « Abusez de moi, je suis prêt à l'accepter. »

Vous devez tomber en amour avec ce que vous faites, puis vendre cet amour.

Vous pouvez passer le reste de vos jours, en commençant dès aujourd'hui, à vous inquiéter de ce qui arrivera, mais sachez que vos inquiétudes ne changeront rien à rien.

Vous êtes un tout. Vous êtes un être complet. Vous êtes entier à chaque instant de votre vie.

L'abondance, c'est savoir que nous avons tout ce dont nous avons besoin pour être heureux, puis célébrer chaque moment de notre vie.

Le fait de croître est ce qui différencie ce qui est vivant de ce qui est mort, qu'il s'agisse de vous ou d'une plante.

Pour entrer dans le monde de la véritable magie, vous devez entrer dans la dimension de la spiritualité.

Il n'y a pas de colère dans le monde. Il n'y a que des pensées de colère.

Avez-vous remarqué que certaines personnes n'en ont jamais assez, et que d'autres en ont toujours assez ?

La prochaine fois que l'opinion des autres vous rendra nerveux, imaginez-vous que vous les regardez droit dans les yeux et que vous leur dites : « Ce que vous pensez de moi ne me concerne pas. »

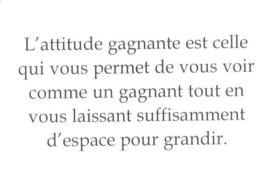

L'attitude gagnante est celle qui vous permet de vous voir comme un gagnant tout en vous laissant suffisamment d'espace pour grandir.

Les gens ont besoin d'avoir raison. Si vous parvenez à vous débarrasser de ce besoin, vous vous épargnerez bien des souffrances.

Soyez un élève. Soyez ouvert d'esprit et prêt à apprendre de tout un chacun. Être un élève signifie qu'il y a en vous de l'espace pour de nouvelles connaissances.

Vous ne pouvez tuer une pensée. Les pensées sont éternelles.

Vous n'êtes pas obligé de toujours agir de la même façon uniquement parce que vous avez toujours agi de la sorte

Même en prison, vous pouvez vous ménager un espace de liberté en choisissant vos pensées. Et cet espace, personne ne peut vous l'enlever !

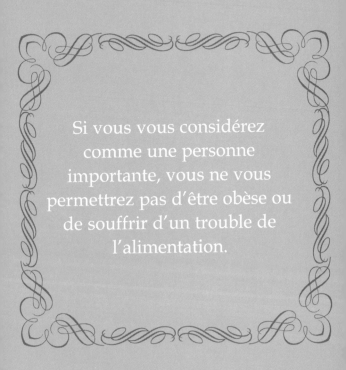

Si vous vous considérez comme une personne importante, vous ne vous permettrez pas d'être obèse ou de souffrir d'un trouble de l'alimentation.

Pour une raison ou pour une
autre, vous en êtes venu à
croire que la vie est une
répétition générale. Ce n'est
pas le cas. C'est tous les jours
le grand soir !

Vous ne pouvez avoir l'esprit
tranquille si les leviers de
commande de votre vie se
situent à l'extérieur de vous.

Si vous croyez que cela fonctionnera, vous ne verrez que des occasions d'y parvenir. Si vous croyez que cela va échouer, vous ne verrez que des obstacles.

Chaque fois que vous avez la tentation d'en faire moins, essayez au contraire d'en faire encore un peu plus.

Aimez vos ennemis. Il est facile d'aimer certaines personnes. Le véritable test consiste à aimer ceux qui sont difficiles à aimer.

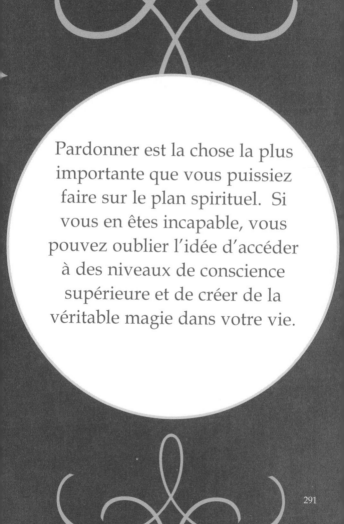

Pardonner est la chose la plus importante que vous puissiez faire sur le plan spirituel. Si vous en êtes incapable, vous pouvez oublier l'idée d'accéder à des niveaux de conscience supérieure et de créer de la véritable magie dans votre vie.

L'année où il frappa soixante coups de circuit, Babe Ruth fut retiré sur trois prises, plus souvent que quiconque dans l'histoire du baseball. Vous voulez frapper des circuits ? Préparez-vous à être souvent retiré sur trois prises.

Les bonnes habitudes
s'acquièrent de la même façon
que les mauvaises : par la
pratique.

Se sentir coupable, c'est
gaspiller l'instant présent à ne
rien faire à cause d'un
comportement passé.

Écoutez votre corps, et il vous dira ce que vous devez savoir.

Une femme m'a un jour demandé : « Qu'est-ce qui m'empêche d'être heureuse ? »
Je lui ai répondu :
« L'idée que quelque chose vous en empêche. »

Une fois que les gens ont compris que leur accès de colère vous intimide, ils utiliseront cette colère pour faire de vous une victime chaque fois qu'ils en auront envie.

Quand vous aurez éliminé les deux phrases suivantes de votre vie : « je suis fatigué » et « je ne me sens pas bien », vous vous sentirez deux fois mieux.

Vous devenez ce à quoi vous
pensez à longueur de journée,
et ces jours deviennent votre
vie.

Les gens vous traitent comme vous leur avez appris à vous traiter.

Débarrassez-vous de vos désirs : sachez que vous n'avez besoin de rien de plus pour vous sentir complet, et vous verrez tous ces objets de désir occuper de moins en moins de place dans votre cœur.

Au lieu de vous demander ce que vous pouvez retirer d'une situation, demandez-vous : en quoi puis-je être utile ?

Si vous êtes du genre pessimiste ou si vous avez en vous de la haine ou de l'antipathie, travaillez là-dessus. C'est la preuve que votre cœur n'est pas encore un temple.

La clé pour être efficace et éveillé dans nos vies consiste à être des élèves plutôt que des professeurs.

Les grandes choses n'ont pas
peur de la marche du temps.

Il faut être un peu rebelle
pour vivre sa vie comme on
l'entend, et être prêt à
défendre ce que l'on est.

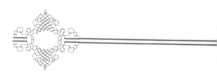

Développer son intérieur est tout aussi important que développer son physique extérieur.

Être détendu, en paix avec soi-même, confiant, émotionnellement stable et libre – telles sont les clés pour réussir dans tout ce que vous entreprenez.

La seule différence entre une belle personne et une personne laide est le jugement que l'on porte sur l'une et sur l'autre. Il n'y a pas de gens laids dans le monde. La laideur est quelque chose en quoi les gens choisissent de croire.

Le détachement est l'une des grandes leçons que la vie enseigne à ceux qui ont choisi le chemin de l'illumination.

Examinez les étiquettes grâce auxquelles vous vous définissez. Chaque étiquette est une frontière ou une limite d'un genre ou d'un autre.

Votre joie est divine, tout comme votre souffrance. Il y a tant à apprendre de l'une et de l'autre.

Votre vie dans le monde des formes doit être honorée et célébrée. Brisez vos chaînes et vivez pleinement l'instant présent, le seul qui vous est dévolu.

L'ascenseur qui mène au succès est hors d'usage aujourd'hui. Vous allez devoir emprunter l'escalier et gravir une marche à la fois.

Si 90 % des médecins ne croient pas en l'existence d'un lien entre le corps et l'esprit, comment font-ils bouger leurs orteils ?

Les névrosés cherchent constamment de nouveaux problèmes. Ils veulent que les choses tournent mal. Ils veulent avoir raison.

L'instant présent est un lieu
magique où vous pouvez vous
investir au point où il n'y aura
plus de place pour les pensées
déprimantes et débilitantes.

Vous serez toujours un être humain précieux et utile, non pas parce que les autres le disent, non pas parce que vous avez du succès ou parce que vous avez de l'argent, mais parce que vous le savez au fond de vous-même.

Si vous pensez que la solution se trouve à l'extérieur de vous, mais que le problème se trouve à l'*intérieur* de vous, alors vous vivez dans un monde d'illusions. En fait, tous vos problèmes se trouvent dans votre esprit, comme toutes les solutions d'ailleurs.

La voie qui mène à l'unité semble passer par l'harmonie intérieure. La voie qui mène à l'harmonie intérieure passe par la pensée.

Vos enfants doivent savoir que l'expression « c'est impossible » ne fait pas partie de votre vocabulaire et que vous êtes prêt à les aider à réaliser leurs rêves.

Tout ce qui nous arrive est une bénédiction sous une forme ou sous une autre.

Nous pouvons tous reconquérir notre perfection intérieure.

Plus, c'est moins. Pour moi, avoir plus de choses signifie que je dois les assurer, les protéger, les polir, m'en inquiéter, m'en vanter, les estimer et peut-être les vendre pour en tirer un profit, et ainsi de suite.

Vous n'arrêterez jamais de fumer à
moins que vous ne cessiez de porter
des cigarettes à votre bouche.

Vous surmontez vos vieilles
habitudes en les abandonnant
derrière vous.

Quand vous allez vers quelqu'un
avec amour, en ne lui demandant
rien et en lui offrant simplement cet
amour, vous créez entre vous un
lien miraculeux.

Votre vie n'est rien de plus que
le reflet de votre état d'esprit.

Tant que vous souhaiterez demeurer tel que vous êtes ou vous entourer de gens et d'objets familiers, tant que vous refuserez de prendre des risques et d'essayer des choses nouvelles, alors, par définition, il vous sera impossible de grandir.

Au lieu de vous tracasser au sujet de votre relation passée ou future avec vos parents, essayez d'être gentil et de vous intéresser à eux dès aujourd'hui !

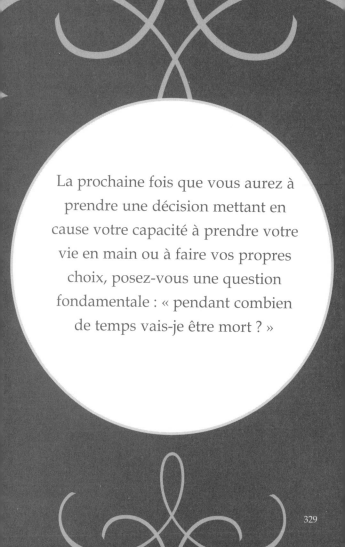

La prochaine fois que vous aurez à prendre une décision mettant en cause votre capacité à prendre votre vie en main ou à faire vos propres choix, posez-vous une question fondamentale : « pendant combien de temps vais-je être mort ? »

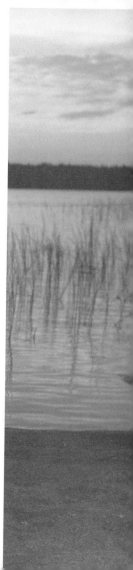

Il n'est jamais trop
tard pour avoir une
enfance heureuse.

Si vous ne prenez pas le temps de vous occuper de votre santé dès maintenant, vous devrez le faire plus tard.

Quand vous *saurez* au lieu de *douter*, vous découvrirez les moyens nécessaires pour atteindre votre but.

La peur n'a pas d'existence propre. Il n'y a que des pensées de peur et des comportements d'évitement.

Vous devez devenir le producteur, le metteur en scène et l'acteur de votre propre histoire.

La plupart des gens sont à la recherche du bonheur. Ils le cherchent un peu partout. Ils le cherchent chez les autres ou dans un objet extérieur à eux. C'est là une erreur fondamentale. Le bonheur est quelque chose que vous êtes, et qui découle de votre façon de penser.

Votre amour se trouve à l'intérieur de vous. C'est à vous de le nourrir et de le savourer. À vous de le donner comme il vous sied. Cela vaut également pour les autres : si quelqu'un que vous aimez ne vous aime pas comme vous auriez voulu qu'il vous aime, c'est son choix. Cela ne diminue en rien *votre* amour.

L'amour que vous donnez
aux autres est directement
proportionnel à la quantité
d'amour que vous avez pour
vous-même.

Tout ce qui se passe à l'intérieur de vous ne dépend que de vous. Tout cela vous appartient. C'est à vous.

Vous avez le pouvoir de devenir tout ce que vous voulez. Fixez-vous des objectifs, et sachez que vous deviendrez tel que vous vous imaginez.

Nous sommes tous engagés sur le même chemin. Nous sommes simplement à des endroits différents le long de celui-ci.

À l'approche de la saison des fêtes, placez un écriteau sur le miroir de votre salle de bain disant : PERSONNE NE VA GÂCHER CETTE PÉRIODE DE RÉJOUISSANCE… ET SURTOUT PAS VOTRE HUMBLE SERVITEUR !

Faites de la coopération et du
service la pièce maîtresse de
tous vos engagements
professionnels.

Aucune *route* ne mène à la
réussite : la réussite est
une attitude qui
transparaît dans tout ce
que nous faisons.

La personne qui vous regarde
dans le miroir est la seule à qui
vous devez des comptes
chaque jour.

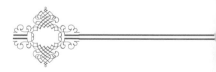

Être une victime est une
habitude comme une autre.

Vous vivez dans un monde où
vous êtes ce que vous
choisissez d'être,
et vous savez que cela va
plaire à certaines personnes
et déplaire à d'autres.

L'univers fonctionne sur la base de principes qui sont hors de notre contrôle. Ils fonctionnent indépendamment de ce que nous en pensons, et même si nous ne les comprenons pas.

Quand l'opinion des autres vous paralyse, vous dites en fait : « votre opinion est plus importante que l'opinion que j'ai de moi-même. »

Se faire du souci est une façon
de gaspiller l'instant présent en
se concentrant sur un
événement à venir contre
lequel nous ne pouvons rien.

Si quelqu'un vous blesse, laissez cette blessure derrière vous. Voilà le véritable test. Laissez-la derrière vous, et vous connaîtrez la sérénité.

Au lieu de vous mettre en colère contre le monde tel qu'il est, acceptez-le et faites de votre mieux pour l'améliorer.

Si vous construisez une maison
dont les fondations reposent
sur un support unique et que
ce support vient à s'effondrer,
toute votre maison s'effondrera
avec lui.

Seules les limites que vous vous imposez à vous-même vous empêchent d'établir des relations magiques avec les autres.

Vous êtes unique sur cette planète.

Si vous *êtes* amour, et que vous *vivez* cet amour en l'offrant à ceux qui vous entourent, il y aura tant d'amour dans votre vie que vous ne saurez plus quoi en faire.

À propos de l'auteur

Wayne W. Dyer, Ph. D., est un auteur et un conférencier de renommée internationale dans le domaine du développement personnel. Il a signé plus d'une vingtaine d'ouvrages, conçu plusieurs livres audio, CD et vidéos, et participé à des milliers d'émissions de télévision et de radio. Cinq de ses livres, incluant *Accomplissez votre destinée*, *La Sagesse des anciens*, *Il existe une solution spirituelle à tous vos problèmes* et les best-sellers *Les Dix secrets du succès et de la paix intérieure* ainsi que *Le Pouvoir de l'intention*, ont fait l'objet d'émissions spéciales. Le Dr Dyer est titulaire d'un doctorat en counseling éducationnel de l'Université Wayne State et professeur agrégé à l'Université St. John de New York.

Site Internet : **www.DrWayneDyer.com**

Autres titres de Wayne W. Dyer
aux Éditions AdA

Aussi disponibles
chez AdA Audio

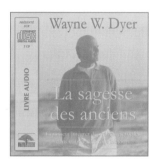

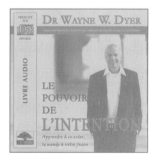

Pour obtenir une copie
de notre catalogue,
communiquez avec :

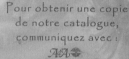

1385, boul. Lionel-Boulet
Varennes, Québec
J3X 1P7
Téléc : (450) 929-0220
info@ada-inc.com
www.ada-inc.com

Pour l'Europe, voici les coordonnées :
France : D.G. Diffusion Tél. : 05.61.00.09.99
Belgique : D.G. Diffusion Tél. : 05.61.00.09.99
Suisse : Transat Tél. : 23.42.77.40

www.ada-inc.com